Le chevalier des ombres

Illustrations
Marie-Eve Tremblay

Directrice de la collection
Denise Gaouette

MAXI Rat de bibliothèque

Catalogage avant publication de Bibliothèque et Archives nationales
du Québec et Bibliothèque et Archives Canada

Gauthier, Bertrand
    Le chevalier des ombres (MAXI Rat de bibliothèque ; 12)
    Pour enfants de 7 à 9 ans.

    ISBN 978-2-7613-2401-4

    I. Tremblay, Marie-Eve (colagene.com)   II. Titre.
    III. Collection : MAXI Rat de bibliothèque (Saint-Laurent, Québec).

PS8563.A847C53 2008   jC843'.54   C2008-940763-6
PS9563.A847C53 2008

Cette histoire est une adaptation du livre
La princesse qui voulait choisir son prince
publié en 1996 aux éditions de la courte échelle.

Éditrice : Johanne Tremblay
Réviseure linguistique : Claire St-Onge
Directrice artistique : Hélène Cousineau
Conception graphique et édition électronique : Isabel Lafleur
Illustrations de la page 48 : Chantale Audet

ÉDITIONS DU RENOUVEAU PÉDAGOGIQUE INC.

5757, RUE CYPIHOT, SAINT-LAURENT (QUÉBEC) H4S 1R3
TÉLÉPHONE : **514 334-2690**   TÉLÉCOPIEUR : **514 334-4720**
erpidlm@erpi.com   **w w w . e r p i . c o m**

Dépôt légal — Bibliothèque et Archives nationales du Québec, 2008
Dépôt légal — Bibliothèque et Archives Canada, 2008

Imprimé au Canada   1234567890 HLN 098
ISBN 978-2-7613-2401-4   11704 ABCD   C016

Des personnages de l'histoire

La princesse
Gouttelette du Soleil-Levant

Les prétendants

le duc
de Volanie

le comte
de la Sardinelle-Dorée

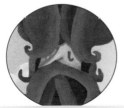

le prince
Vertefeuille de Bozatour

le chevalier
Opalin de Charmantin

Chapitre 1
À la recherche d'une ombre

Aujourd'hui, la princesse Gouttelette atteint l'âge où elle doit se marier. Et comme le veut la coutume du royaume, le roi Ouragan du Soleil-Levant se prépare à imposer un mari à sa fille.

La princesse Gouttelette est révoltée. Chaque seconde de chaque minute, de chaque heure, de chaque jour, elle murmure :

— Je ne veux pas épouser le premier noble venu.

Plus le temps passe et plus le temps presse. La pauvre Gouttelette du Soleil-Levant cherche désespérément un moyen qui lui permettrait de choisir elle-même son prince.

Enfin, la princesse Gouttelette a une idée. Mais elle doit en faire part à son père.

— Père, je hais mon ombre. Puis-je épouser le prétendant qui me dessinera une nouvelle ombre ?

Sa Majesté le roi est très étonné d'apprendre que sa fille déteste son ombre. Mais il ne rouspète pas. Contrairement à ce que laisse croire son prénom, le roi Ouragan est doux et patient.

Le bon roi souhaite le bonheur de sa fille. Il convoque donc ses crieurs. Il leur donne pour mission d'aller répandre la nouvelle du mariage prochain de la princesse.

Aussitôt, les crieurs de Sa Majesté partent au galop.

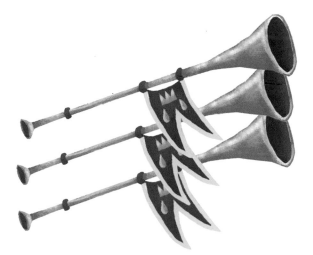

Les crieurs s'en vont claironner la bonne nouvelle aux quatre coins du royaume.

— Son Altesse le roi Ouragan du Soleil-Levant recherche un mari honnête et courageux pour la princesse Gouttelette.

— Le roi exige que les prétendants soient capables de dessiner des ombres majestueuses et belles.

— Les candidats qui croient posséder ces qualités chevaleresques et ce talent artistique doivent se présenter au palais de Sa Majesté.

Chapitre 2
L'ombre d'un duc

Le premier jour des auditions, le duc de Volanie se présente au palais de Sa Majesté. Le roi Ouragan apprécie depuis longtemps l'honnêteté et le courage de ce fidèle ami.

La princesse examine discrètement l'ami de son père. Elle le trouve beaucoup trop vieux. Cinq, dix, vingt fois trop vieux.

« J'espère que ce vieillard ne sait pas dessiner des ombres », souhaite la princesse Gouttelette.

Malheureusement, le duc de Volanie sait dessiner des ombres. La pauvre Gouttellette du Soleil-Levant est de plus en plus inquiète.

Mais dès que la princesse aperçoit
l'ombre tracée par le duc de Volanie,
elle éprouve un grand soulagement.
— Je suis très déçue, avoue la
princesse à son père. Je ne pourrai
jamais vivre avec cette ombre
d'oiseau. Le pauvre duc ignore sûre-
ment que j'ai le vertige.

Le roi doit se résigner.

— J'espère que le prochain soupirant sera le bon, dit-il.

Sa Majesté le roi du Soleil-Levant comprend sa fille. Il est tout de même peiné de voir son noble ami s'en retourner bredouille vers sa Volanie natale.

Chapitre 3
L'ombre d'un comte

Le deuxième jour, un tout jeune soupirant, le comte de la Sardinelle-Dorée, vient tenter de conquérir la princesse Goutellette. Ce soupirant est jeune, mais la princesse trouve qu'il a un très gros défaut : il ne sent vraiment pas bon.

Aussitôt, la princesse imagine le pire. « Si j'épouse le comte de la Sardinelle-Dorée, je devrai remplir le château de montagnes de fleurs. Et je ne suis pas certaine que le doux parfum des fleurs parviendra à chasser la puanteur de ce comte. »

Malheureusement, le comte de la Sardinelle-Dorée dessine aussi bien que le duc de Volanie. La pauvre Gouttelette du Soleil-Levant est de plus en plus inquiète.

Mais dès que la princesse aperçoit l'ombre tracée par le comte de la Sardinelle-Dorée, elle éprouve un grand soulagement. Elle s'approche de son père et lui murmure à l'oreille :
— Père, cette sirène est la plus belle des sirènes. Mais je ne désire pas passer toute ma vie à grelotter dans l'eau salée.

Le roi est de plus en plus déçu que
sa fille ne soit pas encore comblée.
— J'espère que le prochain soupirant
sera le bon, dit-il.

Chapitre 4
L'ombre d'un prince

Le troisième jour, le noble prince Vertefeuille de Bozatour se présente au palais de Sa Majesté. Vêtu de ses plus beaux vêtements, le prince attire les regards de la foule rassemblée dans la cour du palais.

La princesse Gouttelette ne partage pas l'enthousiasme de la foule. Elle trouve que ce soupirant est poilu. Très poilu. Dix fois, cent fois, mille fois trop poilu.

Mais dès que le prince de Bozatour termine son chef-d'œuvre, la princesse réagit.
— Père, cette ombre de saule pleureur a vraiment fière allure. Mais je ne désire pas devenir un arbre. Je ne veux pas passer ma vie à me faire chatouiller les orteils par des fourmis.

Cette troisième déception amène le roi Ouragan du Soleil-Levant à suspendre le défilé des soupirants. Le roi invite alors sa fille à le suivre dans les jardins du château. Il veut essayer de mieux la comprendre.

— Ma fille, vous devriez être triste. Et pourtant, vous ne l'êtes pas.

La princesse riposte.

— Oui, je suis vraiment très malheureuse, père. Aucun de ces soupirants n'a réussi à dessiner une ombre qui me convienne.

Cette histoire d'ombre ne cesse d'intriguer le roi. Il décide d'interroger la princesse.

— Ma fille, depuis quand détestez-vous votre ombre ?

— Depuis… mais depuis… toujours, bredouille Gouttelette.

Le roi sent le malaise de sa fille. Il n'insiste pas.

Cette nuit-là, la princesse fait de gros cauchemars. Elle voit défiler une foule de soupirants horribles et monstrueux.

Pendant ce temps, dans ses appartements royaux, le bon roi est songeur. Il n'arrive pas à s'endormir.

Chapitre 5
L'ombre d'un chevalier

La semaine suivante, un beau jeune inconnu réussit à se faufiler jusqu'au palais de Sa Majesté. Puis, jouant habilement du luth, le bel inconnu se met à chanter.

La chanson du soupirant résonne dans tout le palais.

Opalin de Charmantin
est mon nom.
Chevalier des ombres
est mon surnom.
Avec la permission
de Votre Altesse,
j'aimerais parler
à la princesse.

Sans attendre la réponse du roi, Opalin de Charmantin s'approche de la princesse. Le téméraire chevalier fait une gracieuse révérence. Puis, il lui murmure quelques mots à l'oreille.

Le roi manifeste son impatience devant l'audace de cet intrus. Mais il se calme en voyant le sourire radieux de Gouttelette.

Le chevalier peut alors continuer de charmer la princesse.

Gouttelette décide de se retirer, le temps que la nouvelle ombre prenne forme. Mais le sieur de Charmantin implore à voix basse la princesse de ne pas s'éloigner.

— Si j'entends le battement de votre cœur, il me sera beaucoup plus facile de vous offrir la plus belle et la plus majestueuse des ombres.

La princesse est séduite par cette tendre invitation. Elle n'hésite pas à demeurer tout près du preux et beau chevalier.

— Chère princesse, il faut maintenant vous plonger dans le noir, chuchote le sieur de Charmantin.

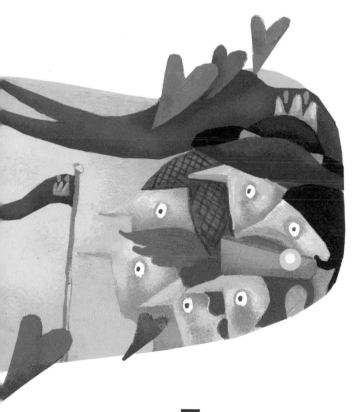

Opalin de Charmantin couvre d'un bandeau les yeux de Gouttelette. Puis, au lieu de dessiner une ombre, il reprend son luth.

Le chevalier rend hommage à la princesse et à son ombre.

Ô noble princesse adorée, je vous implore de ne plus détester votre ombre si mal aimée.

Croyez en votre humble chevalier quand il vous offre pour l'éternité son amour passionné.

Chapitre 6

La plus belle des ombres

Opalin de Charmantin, le chevalier des ombres, retire le bandeau de la princesse. À cet instant précis, la foule retient son souffle. Partout dans le royaume de Sa Majesté, un grand silence se fait. Même les mouches cessent de voler.

La princesse est émue d'avoir enfin trouvé son prince. Elle bredouille :

— Cette ombre… est bien… la plus belle… des ombres. La plus belle… et la plus majestueuse… des ombres. Père, laissez-moi épouser ce noble troubadour.

La preuve est maintenant faite : jamais Gouttelette n'a détesté son ombre. Mais, grâce à cette astuce, la princesse a pu choisir son prince, un vrai chevalier des ombres.

Le roi serre tendrement la princesse dans ses bras. Il lui murmure :

— Ma fille, vous êtes encore plus rusée que votre père.

Le bonheur de la princesse comble Sa Majesté le roi Ouragan du Soleil-Levant. Il ordonne de sortir les tambours et les clairons.

— Que la fête commence ! crie le roi.

Et voilà que la fête se prolonge très… très… très… longtemps.

La fête dure si longtemps que la princesse Gouttelette et le prince Opalin ont le temps de devenir les heureux parents d'une fille.

Et cette ravissante et joyeuse princesse s'appelle Ombraline.

Table des matières

Connais-tu bien l'histoire
Le chevalier des ombres ?
Lis les phrases
et place-les dans le bon ordre.

A Le roi veut imposer un mari
à sa fille, la princesse Gouttelette.

B Gouttelette refuse l'ombre
dessinée par le duc.

C Gouttelette refuse l'ombre
dessinée par le prince.

D Gouttelette dit au roi
qu'elle déteste son ombre.

E Le chevalier séduit Gouttelette.

F Le chevalier et Gouttelette ont
une fille qu'ils appellent Ombraline.

G Les crieurs annoncent
dans le royaume le mariage
de la princesse.

H Le roi organise une grande fête.

La princesse n'aime pas
tous ses prétendants.
Associe chaque prétendant
aux deux phrases qui le décrivent.

le duc
de Volanie

le comte
de la Sardinelle-Dorée

le prince
Vertefeuille de Bozatour

1 Il ne sent pas bon.

2 Il dessine une ombre
de saule pleureur.

3 Il est trop poilu.

4 Il dessine une ombre d'oiseau.

5 Il est trop vieux.

6 Il dessine une ombre de sirène.

Un abécédaire

Le roi Ouragan du Soleil-Levant
et la princesse Gouttelette
vivent dans un palais royal.

Fabrique un abécédaire
sur le thème de la vie royale.

- Consulte des abécédaires
  ou des lexiques imagés
  pour te donner des idées.

- Trouve des mots
  reliés à la vie royale
  dans des livres, dans Internet
  ou dans l'histoire
  Le chevalier des ombres.

- Utilise des dessins
  ou des découpages.

- Classe tes mots
  par ordre alphabétique.
  EXEMPLES

  château, chevalier, comtesse,
  couronne, prince, reine, serviteur

SCIENCES

Une marionnette d'ombre

Les prétendants de la princesse
dessinent des ombres.

Prépare un spectacle
d'ombres chinoises.

• Fabrique une marionnette
  à baguette.
  – Dessine un personnage
    sur un carton.

  – Découpe ton personnage.

  – Fixe ton personnage
    au bout d'une baguette de bois
    avec du ruban adhésif.

• Éclaire un mur
  avec une lampe de poche
  ou un rétroprojecteur.

• Tiens ta marionnette entre le mur
  et la source de lumière.
  Fais bouger et parler
  ton personnage.

Présente ton spectacle à tes amis.

Écris sur une feuille ou dans un cahier.

Trouve les réponses aux rébus.

EXEMPLE

dé fil é

réponse : défilé

1

2

ou

3

L é